樂道塾教學叢書

樂道塾蒙學五種

默公 編

中国青年出版社

樂道塾

LE DAO ACADEMY

© 注册商標

目録

包山戰國楚簡冢字

叙

默公

何謂蒙學？人生之初，幼而無知，易有蒙卦，人稱童蒙。古今育子，必有養有教，而教育幼童，古稱發蒙，開蒙之學，遂稱蒙學。

蒙字何解？蒙原指女蘿類遮覆樹木的植物，故从艸从冡，冡亦聲。許慎訓冡，『覆也，從冃、豕。』段玉裁謂：『凡蒙覆、僮蒙之字今字皆作蒙。依古當作冡。蒙行而冡廢矣。』在説文體系下，冖、冃、冐、冒、帽之造字取象，均爲巾帽等覆蓋之物，用以遮蔽頭臉。由於嬰幼兒頭部格外怕風，須加遮覆，故許氏稱冃爲『小兒頭衣』。此也正是小兒稱童蒙或蒙童之由來。冃等巾帽引申出之覆蓋遮蔽之義，就有了不明、黯昧之義。故釋名·釋天曰：『蒙，日光不明，蒙蒙然也。』民間養兒之諺有道：『一日一塊磚，百日看到天』，描繪嬰兒眼力漸開之進程。再進一步開啟心智，就是發蒙之學的蒙學任務了。

西周蒙童八歲始入小學，未見學前教育之說，宋明以下漸有兒童諷誦之韻文、詩歌行世，亦僅僅是由父母所好，任意口授。要之農耕文明下的中國社會，節奏舒和，並不急於早教。孩童樂居家中，眷眷堂前，依依膝下，嬉笑追逐，享愛於親慈，隨性於玩耍。現代急趨早教，唯恐遲後，國學西學、文學科學，一股腦堆向幼童，實在過於操切。這有違孩童天性，讓成人社會病態的競争，侵奪孩童天然之真趣。當然，家長自然有望子成龍的關切，但效果恐怕是南轅北轍。『小時了了，大未必佳』（世説新語），説者雖遭揄揶，但其所言，古今可驗。

何以稱樂道塾蒙學五種？是因五種蒙書不同於坊間流行版本：一是基於

校訂，分出了章句，便於教學誦讀。如千字文已傳世千餘年，歷代大家留下了六七十種墨帖，據以校勘，信而不誤。本版只是根據内容，別出章句，冠以題目。二是據坊間本有所增刪。刪減一些誇飾不實、論述有誤、油滑世故之内容，遵原有體例增補些必要内容，如小兒語第十章立志、三字經第二章學問之階、第三章國史之脈等。所以敢斗膽操刀，宰割古文，係因最初用來教授自家子弟，但求合於道統、文統而已；現承諸友見愛，公諸於外，誠未敢稱善於世，只好見仁見智了。

如何使用樂道塾蒙學五種？家長或老師可按編目依次教授。小孩可從兩歲起吟誦，不需識字，不需講解，如遇提問，則簡略解説。讀熟後背誦，有幾年時間慢慢吟誦，當作玩耍遊戲，不要當作課業，尤其不可威逼。到孩子入學識字後，再指讀，字字看清；之後要反覆抄寫直至能默。除了誦讀抄默，更要配合踐行。最好家長都能熟悉其內容，每當孩子言行不當，你別任性、我別逞威，立即回到本書上看如何。如果孩子錯了，可讓其抄背相關章句。這可以培養孩子知行合一的素質，將來人品貴重。這個過程可到十二三歲結束。

何以要花這樣多時間？一是有益於孩子儀行、風骨、性情、志气、道德的培植，二是有益於自然觀、世界觀、人生家庭、民族國家、文化學問等大框架之初建。這些都是對孩子一生之幸福與成功至關重要的。知識、技能、才藝固然有用，然其多寡精粗，無關成才之宏旨。

值友人再印本書之際，補寫此序，說明始末。

丙申九月

明·呂得勝 原著

默公 改編

小兒語

隋唐三樂鏡拓片

樂道塾山長百歲翁辛冠潔老所藏
銘文：孔夫子問曰榮啓奇答
三樂：典出《列子・天瑞》，孔子游山，見榮啓期，問其所樂，期答有三樂，謂“貧者士之常也，死者人之終也，處常得終，當何憂哉”。圖中左爲孔子，右爲榮啓期（奇）。

第一章　言行

一切言動　都要安詳　十差九錯　只爲慌張
沉靜立身　從容説話　不要輕薄　惹人笑罵
先學耐煩　快休使气　性躁心粗　一生不濟
能有幾句　見人胡講　洪鐘無聲　滿瓶不響

第二章　誠正

自家過失　不須遮掩　遮掩不得　又添一短
無心之失　説開罷手　一差半錯　哪個没有
須好認錯　休要説謊　教人識破　誰肯作養
要成好人　勿交損友　引酵若酸　哪得甜酒

第三章　孝禮

要知親恩　看你兒郎　要求子順　先孝爺娘

別人性情　與我一般　時時體悉　件件從寬

卑幼不才　瞞避尊長　外人笑駡　父母誇獎

從小爲人　休壞一點　覆水難收　悔恨已晚

第四章　待人

與人講話　看人面色　意不相投　不須强説

當面破人　惹禍最大　是與不是　盡他説罷

造言生事　誰不怕你　也要提防　王法天理

我打人還　自打幾下　我駡人還　換口自駡

第五章 藝業

既做生人 便有生理 只圖安閑 誰養活你

世間藝業 要會一件 有時貧窮 救你患難

飽食足衣 亂説閑耍 終日昏昏 不如牛馬

擔頭車尾 窮漢營生 日求升合 休與相争

第六章 寬厚

强取巧圖 只嫌不够 横來之物 要你承受

心要慈悲 事要方便 殘忍刻薄 惹人恨怨

手下工人 從容調理 他若有才 不服侍你

一不積財 二不結怨 睡也安然 走也方便

第七章 錢財

貪財之人 至死不止 不義得來 付與敗子

都要便宜 我得人不 虧人是禍 虧己是福

一積一散 博施濟衆 不以爲珍 勿使傷神

取予合宜 無求非分 出不失期 入不妨己

第八章 性命

事有無奈 只要安命 怨歎躁急 又增一病

自家有過 人説要聽 當局者迷 旁觀者醒

白日所爲 夜來省己 是惡當驚 是善休喜

怒多横語 喜多狂言 一時偏急 過後羞慚

第九章 學理

人生在世 守身實難 留心細處 名節百年

讀聖賢書 字字體驗 口耳之學 夢中吃飯

寫字念書 著眼學理 非只技藝 要追底裏

華麗章句 雕蟲小技 天地至理 人間大道

第十章 立志

立志當高 常懷鴻鵠 處身當卑 樂操百工

堂廡宜深 肚可行船 言語宜淺 明如朗月

野蠻體魄 力可扛鼎 浪漫文心 思若涌泉

貴己如賤 休慕虛榮 天性自足 高視闊步

人世千般 惟一誠字 天地萬理 只一敬字

千字文

南朝·周興嗣 原著

默公 校編

西漢長宜子孫鏡拓片

樂道塾山長百歲翁辛冠潔老所藏
銘文：長宜子孫

第一課 自然

天地玄黃 宇宙洪荒 日月盈昃 辰宿列張

寒來暑往 秋收冬藏 閏餘成歲 律呂調陽

雲騰致雨 露結爲霜 金生麗水 玉出崐岡

劍號巨闕 珠稱夜光 果珍李柰 菜重芥薑

海鹹河淡 鱗潛羽翔

第二課 祖史

龍師火帝 鳥官人皇 始制文字 乃服衣裳

推位讓國 有虞陶唐 弔民伐辠 周發殷湯

坐朝問道 垂拱平章 愛育黎首 臣伏戎羌

遐邇一體 率賓歸王 鳴鳳在竹 白駒食場

化被草木 賴及萬方

第三課 修身一

蓋此身髮 四大五常 恭惟鞠養 豈敢毀傷

女慕貞潔 男效才良 知過必改 得能莫忘

罔談彼短 靡恃己長 信使可覆 器欲難量

墨悲絲染 詩贊羔羊 景行維賢 克念作聖

第四課 修身二

德建名立 形端表正 空谷傳聲 虛堂習聽

禍因惡積 福緣善慶 尺璧非寶 寸陰是競

資父事君 曰嚴與敬 孝當竭力 忠則盡命

臨深履薄 夙興温凊 似蘭斯馨 如松之盛

第五課 修身 三

川流不息 淵澄取映 容止若思 言辭安定

篤初誠美 慎終宜令 榮業所基 籍甚無竟

學優登仕 攝職從政 存以甘棠 去而益詠

樂殊貴賤 禮別尊卑 上和下睦 夫唱婦隨

第六課 修身 四

外受傅訓 入奉母儀 諸姑伯叔 猶子比兒

孔懷兄弟 同气連枝 交友投分 切磨箴規

仁慈隱惻　造次弗離　節義廉退　顛沛匪虧
性靜情逸　心動神疲　守真志滿　逐物意移
堅持雅操　好爵自縻

第七課　都邑

都邑華夏　東西二京　背邙面洛　浮渭據涇
宮殿盤鬱　樓觀飛驚　圖寫禽獸　畫彩僊靈
丙舍傍啟　甲帳對楹　肆筵設席　鼓瑟吹笙
升階納陛　弁轉疑星　右通廣內　左達承明

第八課　士卿

既集墳典　亦聚群英　杜稿鍾隸　漆書壁經

府羅將相　路俠槐卿　户封八縣　家給千兵

高冠陪輦　驅轂振纓　世祿侈富　車駕肥輕

策功茂實　勒碑刻銘　磻溪伊尹　佐時阿衡

第九課　將相

奄宅曲阜　微旦孰營　桓公匡合　濟弱扶傾

綺回漢惠　説感武丁　俊乂密勿　多士寔寧

晉楚更霸　趙魏困横　假途滅虢　踐土會盟

何遵約法　韓弊煩刑　起翦頗牧　用軍最精

宣威沙漠　馳譽丹青

第十課　治國

九州禹迹　百郡秦并　嶽宗泰岱　禪主雲亭

雁門紫塞　鷄田赤城　昆池碣石　鉅野洞庭

曠遠綿邈　巖岫杳冥　治本於農　務茲稼穡

俶載南畝　我藝黍稷　稅熟貢新　勸賞黜陟

第十一課　養性

孟軻敦素　史魚秉直　庶幾中庸　勞謙謹敕

聆音察理　鑒貌辨色　貽厥嘉猷　勉其祗植

省躬譏誡　寵增抗極　殆辱近恥　林皋幸即

兩疏見機　解組誰逼　索居閑處　沉默寂寥

第十二課 怡生

求古尋論 散慮逍遥 欣奏累遣 慼謝歡招
渠荷的歷 園莽抽條 枇杷晚翠 梧桐早凋
陳根委翳 落葉飄摇 遊鵾獨運 淩摩絳霄
耽讀玩市 寓目囊箱 易輶攸畏 屬耳垣牆

第十三課 治家

具膳餐飯 適口充腸 飽飫烹宰 饑厭糟糠
親戚故舊 老少異糧 妾御績紡 侍巾帷房
紈扇圓絜 銀燭煒煌 晝眠夕寐 藍筍象牀
弦歌酒宴 接杯舉觴 矯手頓足 悦豫且康

嫡後嗣續 祭祀烝嘗 稽顙再拜 悚懼恐惶

第十四課 藝能

箋牒簡要 顧答審詳 骸垢想浴 執熱願涼

驢騾犢特 駭躍超驤 誅斬賊盜 捕獲叛亡

布射僚丸 嵇琴阮嘯 恬筆倫紙 鈞巧任釣

釋紛利俗 並皆佳妙

第十五課 儀行

毛施淑姿 工顰妍笑 年矢每催 曦暉朗曜

璇璣懸斡 晦魄環照 指薪修祜 永綏吉劭

矩步引領 俯仰廊廟 束帶矜莊 徘徊瞻眺

孤陋寡聞 愚蒙等誚 謂語助者 焉哉乎也

清·李毓秀　原著
默公　校編

弟子規

西漢日光鏡

樂道塾山長百歲翁辛冠潔老所藏
銘文：見日之光，天下大明，千秋萬世，長樂未央

總叙

弟子規　聖人訓　首孝悌　次謹勤

泛愛衆　而親仁　有餘力　則學文

第一課　孝悌

父母呼　應勿緩　父母命　行勿懶

父母教　須敬聽　父母責　須順承

晨則省　昏則定　出必告　返必面

惡雖小　勿擅爲　苟擅爲　子道虧

物雖小　勿私藏　苟私藏　親心傷

親所好　力爲具　親所惡　謹爲去

身有傷　貽親憂　德有傷　貽親羞

親愛我　孝何難　親怒我　孝方賢

兄道友　弟道恭　兄弟睦　孝在中

財物輕　怨由生　言語忍　忿自泯

稱尊長　勿呼名　對尊長　勿見能

路遇長　疾趨揖　長無言　退恭立

騎下馬　乘下車　過猶待　百步餘

長者立　幼勿坐　長者坐　命乃坐

尊長前　聲要低　低不聞　卻非宜

進必趨　退必遲　問起對　視勿移

事諸父　如事父　事諸兄　如事兄

第二課　勤謹

朝起早　夜眠遲　老易至　惜此時

晨必盥　兼漱口　便溺回　輒净手

冠必正　紐必結　襪與履　俱緊切

置冠服　有定位　勿亂頓　致汙穢

衣貴潔　不貴華　上循分　下稱家

對飲食　勿揀擇　食適可　勿過則

年方少　勿飲酒　飲酒醉　最爲醜

步從容　立端正　揖深圓　拜恭敬

勿踐閾　勿跛倚　勿箕踞　勿搖髀

緩揭簾　勿有聲　寬轉彎　勿觸棱

執虛器　如執盈　入虛室　如有人

事勿忙　忙多錯　勿畏難　勿輕略

鬥鬧場　絶勿近　邪僻事　絶勿問

將入門　問孰存　將上堂　聲必揚

人問誰　對以名　吾與我　不分明

用人物　須明求　倘不問　即爲偷

借人物　及時還　後有急　借不難

第三課 誠信

凡出言 信爲先 詐與妄 奚可焉

話說多 不如少 惟其是 勿佞巧

姦巧語 穢汙詞 市井气 切戒之

見未真 勿輕言 知未的 勿輕傳

事非宜 勿輕諾 苟輕諾 進退錯

凡道字 重且舒 勿急疾 勿模糊

彼說長 此說短 不關己 莫閑管

見人善 即思齊 縱去遠 以漸躋

見人惡 即內省 有則改 無加警

惟德學　惟才藝　不如人　當自礪
若衣服　若飲食　不如人　勿生戚
聞過怒　聞譽樂　損友來　益友卻
聞譽恐　聞過欣　直諒士　漸相親
無心非　名爲錯　有心非　名爲惡
過能改　歸於無　倘掩飾　增一辜

第四課　愛衆

凡是人　皆須愛　天同覆　地同載
行高者　名自高　人所重　非貌高
才大者　望自大　人所服　非言大

己有能 勿自私 人所能 勿輕訾
勿諂富 勿驕貧 勿厭故 勿喜新
人不閑 勿事攪 人不安 勿話擾
人有短 切莫揭 人有私 切莫説
道人善 即是善 人知之 愈思勉
揚人惡 即是惡 疾之甚 禍且作
善相勸 德皆建 過不規 道兩虧
凡取與 貴分曉 與宜多 取宜少
將加人 先問己 己不欲 慎勿为
恩必報 怨宜忘 報怨短 報恩長

待下人　身貴端　雖貴端　慈而寬

勢服人　心不然　理服人　方無言

同是人　類不齊　流俗衆　仁者希

果仁者　人多畏　言不諱　色不媚

能親仁　無限好　德日進　過日少

不親仁　無限害　小人近　百事壞

第五課　力學

不力行　但學文　長浮華　成何人

但力行　不學文　任己見　昧理真

讀書法　有三到　心眼口　信皆要

方讀此　勿慕彼　此未終　彼勿起

寬爲限　緊用功　工夫到　滯塞通

心有疑　隨劄記　就人問　求確義

房室清　牆壁净　几案潔　筆硯正

墨磨偏　心不端　字不敬　心先病

列典籍　有定處　讀看畢　還原處

雖有急　卷束齊　有缺壞　就補之

非聖書　屏勿視　蔽聰明　壞心志

勿自暴　勿自棄　聖與賢　可馴致

原著　未詳

默公　校改

三字經

西漢常樂未央鏡

樂道塾山長百歲翁辛冠潔老所藏
銘文：常樂未央，長毋相忘

第一章　人生之常

人之初　性本善　性相近　習相遠

苟不教　性乃遷　教之道　貴以專

昔孟母　擇鄰處　子不學　斷機杼

竇燕山　有義方　教五子　名俱揚

養不教　父之過　教不嚴　師之惰

子不學　非所宜　幼不學　老何爲

玉不琢　不成器　人不學　不知義

爲人子　方少時　親師友　習禮儀

香九齡　能温席　孝於親　所當執

融四歲　能讓梨　悌於長　宜先知

首孝悌　次見聞　知某數　識某文

一而十　十而百　百而千　千而萬

三才者　天地人　三光者　日月星

三綱者　君臣義　父子親　夫婦順

曰春夏　曰秋冬　此四時　運不窮

曰南北　曰西東　此四方　應乎中

曰水火　木金土　此五行　本乎數

曰仁義　禮智信　此五常　死毋忘

稻粱菽　麥黍稷　此六穀　人主食

馬牛羊　雞犬豕　此六畜　人所飼

曰喜怒　曰哀懼　愛惡欲　七情具

匏土革　木石金　絲與竹　乃八音

高曾祖　父而身　身而子　子而孫

自子孫　至玄曾　乃九族　人之倫

父子恩　夫婦從　兄則友　弟則恭

長幼序　友與朋　君則敬　臣則忠

第二章　學問之階

凡訓蒙　須講究　爲學者　必有初

識文字　從説文　記部首　五百四

單體文　合體字　一至亥　九千餘
辨正字　通六書　形音義　有源流
詳訓詁　兼博物　天地人　萬物殊
曉音韻　明句讀　小學終　至四書
論語者　二十篇　群弟子　記善言
孟子者　七篇止　講道德　説仁義
作中庸　子思筆　中不偏　庸不易
作大學　乃曾子　自脩齊　至平治
孝經通　四書熟　如六經　始可讀
詩書易　禮春秋　號六經　當講求

有連山　有歸藏　有周易　三易詳

有典謨　有訓誥　有誓命　書之奧

我周公　作周禮　著六官　存治體

大小戴　注禮記　述聖言　禮樂備

曰國風　曰雅頌　號四詩　當諷詠

詩既亡　春秋作　寓褒貶　別善惡

三傳者　有公羊　有左氏　有穀梁

經既明　方讀子　撮其要　記其事

六子者　有老莊　管墨子　及荀韓

經子通　讀諸史　明世系　知終始

第三章 國史之脈

自羲農 至黃帝 號三皇 居上世
唐有虞 號二帝 相揖遜 稱盛世
夏有禹 商有湯 周文武 稱三王
夏傳子 家天下 四百載 遷夏社
湯伐夏 國號商 六百載 至紂亡
周武王 始伐紂 八百載 最久長
周轍東 王綱墜 逞干戈 尚遊説
始春秋 終戰國 五霸强 七雄出
秦始皇 併天下 書同文 車同軌

逞強權　致壅蔽　陳吳起　楚漢爭

高祖興　漢業建　至孝平　王莽篡

光武興　爲東漢　四百年　終於獻

魏蜀吳　争漢鼎　號三國　訖兩晋

宋齊繼　梁陳承　爲南朝　都金陵

北元魏　分東西　宇文周　與高齊

迨至隋　一寰宇　不再傳　失統緒

唐高祖　起義師　除隋亂　創國基

二十傳　三百載　梁滅之　國乃改

梁唐晋　及漢周　稱五代　皆有由

趙宋興 統中原 北遷南 十八傳
遼與金 據東北 西夏李 據河西
至元興 一同滅 都燕京 禦歐亞
明太祖 復華漢 永樂帝 遷北京
宦党亂 闖王興 迫崇禎 煤山逝
清太祖 入中原 人稱奴 國運衰
列強寇 種將亡 十二世 清祚終
民國啟 分南北 軍閥亂 倭寇狂
毛澤東 承漢學 精文字 孰典常
得天道 奮劍屨 破舊朝 立國威

興百業　致富强　人十億　器宇昂

大中華　正復興　小兒郎　當自强

讀史者　攷實録　通古今　若親嘗

第四章　勤學之道

口勤誦　心誠悟　朝於斯　夕於斯

昔仲尼　師項槖　古聖賢　尚勤學

趙中令　讀魯論　彼既仕　學且勤

披蒲編　削竹簡　彼無書　且知勉

頭懸梁　錐刺股　彼不教　自勤苦

如囊螢　如映雪　家雖貧　學不輟

如負薪　如掛角　身雖勞　猶苦卓

蘇老泉　二十七　始發憤　讀書籍

彼既老　猶悔遲　爾小生　宜早思

若梁灝　八十二　對大廷　魁多士

彼既成　衆稱異　爾小生　宜立志

瑩八歲　能詠詩　泌七歲　能賦棋

彼穎悟　人稱奇　爾幼學　當效之

蔡文姬　能辨琴　謝道韞　能詠吟

彼女子　且聰敏　爾男子　當自警

唐劉晏　方七歲　舉神童　作正字

彼雖幼　身已仕　爾幼學　勉而致

犬守夜　鷄司晨　苟不學　曷爲人

蠶吐絲　蜂釀蜜　人不學　不如物

幼而學　壯而行　上效國　下澤民

立身家　繼宗族　光於前　裕於後

人遺子　金滿籯　我教子　真學識

勤有功　戲無益　戒之哉　宜勉力

清·李漁 原著

默公 校改

笠翁對韻

西漢長毋見忘鏡

樂道塾山長百歲翁辛冠潔老所藏
銘文：久不相見，長毋見忘

笠翁對韻　上卷

校勘據　光緒瑯環閣版、浙江古籍李漁全集繁體版

一東

一

天對地。雨對風。大陸對長空。山花對海樹。赤日對蒼穹。雷隱隱。霧濛濛。日下對天中。風高秋月白。雨霽晚霞紅。牛女二星河左右。參商兩曜斗西東。十月塞邊。颯颯寒霜驚戍旅。三冬江上。漫漫朔雪冷漁翁。

二

河對漢。緑對紅。雨伯對雷公。煙樓對雪洞。

月殿對天宮。雲靉對靆。日曈曨。蠟屐對漁篷。過天星似箭。吐魄月如弓。驛旅客逢梅子雨。池亭人挹藕花風。茅店村前。皓月墜林雞唱韻。板橋路上。青霜鎖道馬行蹤。

三

山對海。華對嵩。四嶽對三公。宮花對禁柳。塞雁對江鴻。清暑殿。廣寒宮。拾翠對題紅。莊周夢幻蝶。呂望兆飛熊。北牖當風停夏扇。南檐曝日省冬烘。鶴舞樓頭。玉笛弄殘仙子月。鳳翔臺上。紫簫吹斷美人風。

二冬

四

晨對午。夏對冬。下餉對高春。青春對白晝。古柏對喬松。垂釣客。荷鋤翁。仙鶴對神龍。鳳冠珠閃爍。螭帶玉玲瓏。三元及第才千頃。一品當朝禄萬鐘。花萼樓間。仙李盤根調國脈。沉香亭畔。嬌楊擅寵起邊風。

五

清對淡。薄對濃。暮鼓對晨鐘。山茶對石菊。煙鎖對雲封。金菡萏。玉芙蓉。緑綺對青鋒。

早湯先宿酒。晚食繼朝饔。唐庫金錢能化蝶。延津寶劍會成龍。巫峽浪傳。雲雨荒唐神女廟。岱宗遥望。兒孫羅列丈人峰。

六

繁對簡。疊對重。意懶對心慵。仙翁對釋伴。道範對儒宗。花灼灼。草茸茸。浪蝶對狂蜂。數竿君子竹。五樹大夫松。高皇滅項憑三傑。虞帝承堯殛四兇。内苑佳人。滿地風花愁不盡。邊關過客。連天煙草恨無窮。

三江

七

奇對偶。隻對雙。巨海對長江。金盤對玉盞。寶燭對銀釭。朱漆檻。碧紗窗。舞調對歌腔。興漢推馬武。諫夏著龍逄。四收列國群王伏。三築高城衆敵降。跨鳳登臺。瀟灑仙姬秦弄玉。斬蛇當道。英雄天子漢劉邦。

八

顔對貌。像對龐。步輦對徒杠。停針對擱筆。意懶對心降。燈閃閃。月幢幢。攬轡對飛艭。

柳堤馳駿馬。花院吠村龙。酒暈微酡瓊杏頰。香塵淺印玉蓮雙。詩寫丹楓。韓女幽懷流御水。淚彈斑竹。舜妃遺恨積湘江。

四　支

九

泉對石。幹對枝。吹竹對彈絲。山亭對水榭。鸚鵡對鸕鷀。五色筆。十香詞。潑墨對傳卮。神奇韓幹畫。雄渾李陵詩。幾處花街新奪錦。有人香徑淡凝脂。萬里烽煙。戰士邊頭争保塞。一犁膏雨。農夫村外盡乘時。

十

葅對醢。賦對詩。點漆對描脂。瑶簪對珠履。

劍客對琴師。沽酒價。買山資。國色對仙姿。

晚霞明似錦。春雨細如絲。柳絆長堤千萬樹。

花橫野寺兩三枝。紫蓋黄旗。天象預占江左

地。青袍白馬。童謡終應壽陽兒。

十一

箴對贊。缶對卮。螢焰對蠶絲。輕裾對長袖。

瑞草對靈芝。流涕策。斷腸詩。喉舌對腰肢。

雲中熊虎將。天上鳳凰兒。禹廟千年垂橘柚。

堯階三尺覆茅茨。湘竹含煙。腰下輕紗籠玳瑁。海棠經雨。臉邊清淚濕胭脂。

十二

爭對讓。望對思。野葛對山梔。仙風對道骨。天造對人爲。專諸劍。博浪椎。經緯對干支。位尊民物主。德重帝王師。望切不妨人去遠。心忙無奈馬行遲。金屋閉來。賦乞茂陵題柱筆。玉樓成後。記須昌穀負囊詞。

五微

十三

賢對聖。是對非。覺奧對參微。魚書對雁字。草舍對柴扉。雞曉唱。雉朝飛。紅瘦對綠肥。舉杯邀月飲。騎馬踏花歸。黃蓋能成赤壁捷。陳平善解白登危。太白書堂。瀑泉垂地三千丈。孔明祠廟。老柏參天四十圍。

十四

戈對甲。幄對幃。蕩蕩對巍巍。嚴灘對邵圃。靖菊對夷薇。占鴻漸。協鳳飛。虎榜對鸞旗。

占，咏也
協，讚也

心中羅錦繡。口內吐珠璣。寬宏豁達高皇量。叱吒喑啞霸王威。滅項興劉。狐兔盡時走狗死。連吳拒魏。貔貅屯處臥龍歸。

十五

衰對盛。密對稀。祭服對朝衣。鷄窗對雁塔。秋榜對春闈。烏衣巷。燕子磯。久別對初歸。天姿真窈窕。聖德實光輝。蟠桃紫闕來金母。嶺荔紅塵進玉妃。霸上軍營。亞父憤心撞玉斗。長安酒市。謫仙狂興典銀龜。

六魚

十六

羹對飯。柳對榆。短袖對長裾。雞冠對鳳尾。芍藥對芙蕖。周有若。漢相如。王屋對匡廬。月明山寺遠。風細水亭虛。壯士腰間三尺劍。男兒腹内五車書。疏影暗香。和靖孤山梅蕊放。輕陰清晝。淵明舊宅柳條舒。

十七

吾對汝。爾對余。選授對升除。書櫥對藥櫃。耒耜對耰鋤。參雖魯。回不愚。閥閱對閻閭。

諸侯千乘國。命婦七香車。穿雲采藥聞仙犬。踏雪尋梅策蹇驢。玉兔金烏。二气精靈爲日月。洛龜河馬。五行生克在圖書。

十八

欹對正。密對疏。囊橐對苞苴。羅浮對壺嶠。水曲對山紆。驂鶴駕。侍鸞輿。桀溺對長沮。搏虎卞莊子。當熊馮婕妤。南陽高士吟梁父。西蜀才人賦子虛。三徑風光。白石黃花供杖履。五湖煙景。青山綠水任樵漁。

七虞

十九

紅對白。有對無。布穀對鵜鶘。毛錐對羽扇。天闕對皇都。謝蝴蝶。鄭鷓鴣。蹈海對歸湖。花肥春雨潤。竹瘦晚風疏。麥飯豆糜終創漢。蓴羹鱸膾竟歸吳。琴調輕彈。楊柳月中潛去聽。酒旗斜掛。杏花村裏共來沽。

二十

羅對綺。茗對蔬。柏秀對松枯。中元對上巳。返璧對還珠。雲夢澤。洞庭湖。玉燭對冰壺。

蒼頭犀角帶。綠鬢象牙梳。松陰白鶴聲相應。鏡裏青鸞影不孤。竹户半開。對牖未知人在否。柴門深閉。停車還有客來無。

二

賓對主。婢對奴。寶鴨對金鳧。升堂對入室。鼓瑟對投壺。覘合璧。頌聯珠。提甕對當壚。仰高紅日近。望遠白雲孤。歆向秘書窺二酉。機雲芳譽動三吳。祖餞三杯。老去常斟花下酒。荒田五畝。歸來獨荷月中鋤。

苣藤，今名胡麻

二

君對父。魏對吳。北嶽對西湖。菜蔬對茶荈。苣藤對菖蒲。梅花數。竹葉符。廷議對山呼。兩都班固賦。八陣孔明圖。田慶紫荊堂下萎。王裒青柏墓前枯。出塞中郎。羝有乳時歸漢室。質秦太子。馬生角日返燕都。

八 齊

一

鸞對鳳。犬對雞。塞北對關西。長生對益智。老幼對旄倪。頒竹策。剪桐圭。剝棗對烝梨。

綫腰如弱柳。嫩手似柔荑。狡兔能穿三穴隱。
鷦鷯權借一枝棲。用里先生。策杖垂紳扶少
主。於陵仲子。辟纑織屨賴賢妻。

二四

嗚對吠。泛對棲。燕語對鶯啼。硨磲對瑪瑙。
琥珀對玻璃。絳縣老。伯州犁。測蠡對燃犀。
榆槐堪作蔭。桃李自成蹊。投巫救女西門豹。
賃浣逢妻百里奚。闕里門牆。陋巷規模原不
陋。隋堤基址。迷樓蹤迹已全迷。

二五

燕對趙。楚對齊。柳岸對桃溪。紗窗對繡户。畫閣對香閨。修月斧。上天梯。蝃蝀對虹霓。行樂遊春圃。工謳病夏畦。李廣不封空射虎。魏明得立爲存麑。按轡徐行。細柳功成勞主敬。聞聲悄臥。臨涇名震止兒啼。

九 佳

二六

門對户。陌對街。枝葉對根荄。鬥鷄對揮麈。鳳髻對鸞釵。登楚岫。渡秦淮。子犯對夫差。

石鼎龍頭縮。銀箏雁翅排。百年詩禮延餘慶。萬里風雲入壯懷。莫辨明倫。死矣野哉悲季路。不由徑竇。生乎愚也有高柴。

二七

冠對履。襪對鞋。海角對天涯。鷄人對虎旅。六市對三街。陳俎豆。戲堆埋。皎皎對皚皚。賢相聚東閣。良朋集小齋。夢裏山川書越絶。枕邊風月記齊諧。三徑蕭疏。彭澤高風怡五柳。六朝華貴。琅琊佳气毓三槐。

二八

勤對儉。巧對乖。水榭對山齋。冰桃對雪藕。漏箭對更牌。寒翠袖。貴荊釵。慷慨對詼諧。竹徑風聲籟。花蹊月影篩。攜囊佳句隨時貯。荷鍤沉酣到處埋。江海孤蹤。雪浪風濤驚旅夢。鄉關萬里。煙巒雲樹切歸懷。

二九

枏對梓。檜對楷。水泊對山崖。舞裙對歌袖。玉陛對瑶階。風入袂。月盈懷。虎兕對狼豺。馬融堂上帳。羊侃水中齋。北面黌宮宜釋菜。

東巡岱時定燔柴。錦纜春江。橫笛洞簫通碧落。華燈夜月。遺簪墮翠遍香街。

十灰

三十

春對夏。喜對哀。大手對長才。風清對月朗。地闢對天開。遊閬苑。醉蓬萊。七政對三臺。青龍壺老杖。白燕玉人釵。香風十里望仙閣。明月一天思子臺。玉橘冰桃。王母幾因求道降。蓮舟藜杖。真人原爲讀書來。

三一

朝對暮。去對來。庶矣對康哉。馬肝對鷄肋。杏眼對桃腮。佳興適。好懷開。朔雪對春雷。雲移鳷鵲觀。日麗鳳凰臺。河邊淑气迎芳草。林下輕風待落梅。柳媚花明。燕語鶯聲渾是笑。松號柏舞。猿啼鶴唳總成哀。

三二

忠對信。博對該。忖度對疑猜。香消對燭暗。鵲喜對蛩哀。金花報。玉鏡臺。倒斝對銜杯。巖巔橫老樹。石磴覆蒼苔。雪滿山中高士卧。

月明林下美人來。緑柳沿堤。皆因蘇子來時種。碧桃滿觀。盡是劉郎去後栽。

十一 真

三

蓮對菊。鳳對麟。濁富對清貧。漁莊對蟹舍。松蓋對花茵。蘿月叟。葛天民。國寶對家珍。草迎金埒馬。花醉玉樓人。巢燕三春嘗喚友。塞鴻八月始來賓。古往今來。誰見泰山曾作礪。天長地久。人傳滄海幾揚塵。

三四

兄對弟。吏對民。父子對君臣。句丁對補甲。

赴卯對同寅。折桂客。簪花人。四皓對三仁。

王喬雲外舄。郭泰雨中巾。人交好友來三益。

士有賢妻備五倫。文教南宣。武帝平蠻開百

越。義旗西指。韓侯扶漢卷三秦。

三五

申對午。侃對誾。阿魏對茵陳。楚蘭對湘芷。

碧柳對青筠。花馥馥。葉蓁蓁。粉頸對朱唇。

曹公奸似鬼。堯帝智如神。南阮才郎羞北富。

東鄰醜女效西顰。色豔北堂。草號忘憂憂甚事。香濃南國。花名含笑笑何人。

十二　文

三六

憂對喜。戚對欣。二典對三墳。佛經對仙語。夏耨對春耘。烹早韭。剪春芹。暮雨對朝雲。竹間斜白接。花下醉紅裙。掌握靈符五嶽籙。腰懸寶劍七星紋。金鎖未開。上相趨聽宮漏永。珠簾乍卷。群僚仰對御爐薰。

世本作五典　古本作二典

三七

詞對賦。懶對勤。類聚對群分。鸞簫對鳳笛。
帶草對香芸。燕許筆。柳韓文。舊話對新聞。
赫赫周南仲。翩翩晉右軍。六國説成蘇子業。
兩京收復郭公勳。漢闕陳書。侃侃忠言推賈
誼。唐廷對策。巖巖直諫有劉蕢。

三八

言對笑。績對勳。鹿豕對羊羵。星冠對月扇。
把袂對書裙。湯事葛。説興殷。蘿月對松雲。
西池青鳥使。北塞黑鴉軍。文武成康爲一代。

魏吴蜀漢定三分。桂苑秋宵。明月三杯邀麴客。松亭夏日。薰風一曲奏桐君。

十三　元

三九

卑對長。季對昆。永巷對長門。山亭對水閣。旅舍對軍屯。楊子渡。謝公墩。德重對年尊。承乾對出震。疊坎對重坤。志士報君思犬馬。仁王養老察鷄豚。遠水平沙。有客放舟桃葉渡。斜風細雨。何人攜榼杏花村。

四十

君對相。祖對孫。夕照對朝暾。蘭臺對桂殿。海島對山村。碑墮淚。賦招魂。報怨對懷恩。陵埋金吐气。田穜玉生根。相府珠簾垂白書。邊城畫角動黃昏。楓葉半山。秋去煙霞堪倚杖。梨花滿地。夜來風雨不開門。

十四　寒

四一

家對國。治對安。地主對天官。坎男對離女。周誥對殷盤。三三暖。九九寒。杜撰對包彈。

古壁蛩聲匝。閑亭鶴影單。燕出簾邊春寂寂。鶯聞枕上漏珊珊。池柳煙飄。日夕郎歸青鎖闥。砌花雨過。月明人倚玉欄杆。

四二

肥對瘦。窄對寬。黃犬對青鸞。指環對腰帶。洗鉢對投竿。誅佞劍。進賢冠。畫棟對雕欄。雙垂白玉箸。九轉紫金丹。陝右棠高懷召伯。河南花滿憶潘安。陌上芳春。弱柳當風披彩綫。池中清曉。碧荷承露捧珠盤。

四三

行對臥。聽對看。鹿洞對魚灘。蛟騰對豹變。
虎踞對龍蟠。風凜凜。雪漫漫。手辣對心酸。
鶯鶯對燕燕。小小對端端。藍水遠從千澗落。
玉山高並兩峰寒。至聖不凡。嬉戲六齡陳俎
豆。老萊大孝。承歡七秩舞斑斕。

十五　刪

四四

林對塢。嶺對灣。晝永對春閑。謀深對望重。
任大對投艱。裙嫋嫋。佩珊珊。守塞對當關。

密雲千里合。新月一鉤彎。叔寶君臣皆縱逸。重華父母是嚚頑。名動帝畿。西蜀三蘇來日下。壯遊京洛。東吳二陸起雲間。

四五

驕對傲。吝對慳。討逆對平蠻。忠肝對義膽。霧鬢對雲鬟。埋筆冢。爛柯山。月貌對天顏。龍潛終得躍。鳥倦亦知還。隴樹飛來鸚鵡綠。湘筠啼處鷓鴣斑。秋露橫江。蘇子月明遊赤壁。凍雲迷嶺。韓公雪擁過藍關。

笠翁對韻　下卷

一先

四六

寒對暑。日對年。蹴踘對鞦韆。丹山對碧水。淡雨對輕煙。歌宛轉。貌嬋娟。雪賦對雲箋。荒蘆棲宿雁。疏柳噪秋蟬。洗耳尚逢高士笑。折腰肯受小兒憐。郭泰泛舟。折角半垂梅子雨。山濤騎馬。接䍦倒著杏花天。

四七

輕對重。脆對堅。碧玉對青錢。郊寒對島瘦。

酒聖對詩仙。依玉樹。步金蓮。鑿井對耕田。
杜甫清宵立。邊韶白晝眠。豪飲客吞波底月。
酣遊人醉水中天。鬥草青郊。幾行寶馬嘶金
勒。看花紫陌。千里香車擁翠鈿。

四八

吟對詠。授對傳。樂矣對凄然。風鵬對雪雁。
董杏對周蓮。春九十。歲三千。鐘鼓對管弦。
入山逢宰相。無事即神仙。霞映武陵桃淡淡。
煙荒隋苑柳綿綿。七碗月團。啜罷清風生腋
下。三杯雲液。飲餘紅雨暈腮邊。

四九

中對外。後對先。樹下對花前。玉樹對金屋。
疊嶂對平川。孫子策。祖生鞭。盛席對華筵。
醉解知茶力。愁消識酒權。彩剪芰荷開凍沼。
錦妝鳧雁泛温泉。帝女銜石。海中遺魄爲精
衛。蜀王叫月。枝上遊魂化杜鵑。

二　蕭

五十

琴對笛。釜對瓢。水怪對花妖。秋聲對春色。
白縑對紅綃。臣五代。事三朝。斗柄對弓腰。

醉客歌金縷。佳人吹玉簫。風定落花閑不掃。霜餘殘葉濕難燒。千載興周。尚父一竿投渭水。百年霸越。錢王萬弩射江潮。

五一

榮對悴。夕對朝。露地對雲霄。商彝對周鼎。殷頀對虞韶。樊素口。小蠻腰。六詔對三苗。朝天車奕奕。出塞馬蕭蕭。公子幽蘭重泛舸。王孫芳草正聯鑣。潘岳高懷。曾向秋天吟蟋蟀。王維清興。嘗于雪夜畫芭蕉。

五二

耕對讀。牧對樵。琥珀對瓊瑶。兔毫對鴻爪。桂楫對蘭橈。魚貫柳。鹿藏蕉。水遠對山遥。湘靈能鼓瑟。嬴女解吹簫。雪點寒梅横小院。風飄弱柳覆平橋。月牖通宵。絳臘罷時光不滅。風簾當晝。雕盤停後篆難消。

三 肴

五三

詩對禮。卦對爻。燕引對鶯捎。晨鐘對暮鼓。野蔌對山肴。雉方乳。鵲始巢。猛虎對神獒。

疏星浮荇葉。皓月上松梢。爲邦自古推瑚璉。從政于今愧斗筲。管鮑相知。能結忘形膠漆友。藺廉有隙。終爲刎頸死生交。

五四

歌對舞。笑對嘲。耳語對神交。焉烏對亥豕。獺髓對鸞膠。宜久敬。莫輕拋。一气對同胞。祭遵甘布被。張禄念綈袍。花徑風來逢客訪。柴扉月到有僧敲。夜雨園中。一顆不凋王子柰。秋風江上。三重曾捲杜公茅。

五五

衙對舍。廪對庖。玉磬對金鐃。竹林對梅嶺。
起鳳對騰蛟。鮫綃帳。獸錦袍。露葉對風梢。
揚州輸橘柚。荊土貢菁茅。斷蛇埋地稱孫叔。
渡蟻編橋識宋郊。好夢難成。蛩響階前偏唧
唧。良朋遠至。鷄鳴窗外正嘐嘐。

四　豪

五六

菱對芡。荻對蒿。山麓對江皋。鶯簧對蝶板。
麥浪對松濤。騏驥足。鳳凰毛。美譽對嘉褒。

文人窺蠹簡。壯士學龍韜。馬援南征裝薏苡。張騫西使進葡萄。辯口懸河。萬語千言常亹亹。詞源倒峽。連篇累牘自滔滔。

五七

梅對杏。李對桃。棫朴對旌旄。酒仙對詩史。德澤對恩膏。懸一榻。夢三刀。拙逸對賢勞。玉堂花燭繞。金殿月輪高。孤山看鶴盤雲下。蜀道聞猿向月號。萬事從人。有酒有花應自樂。百年皆客。一丘一壑盡吾豪。

五八

臺對省。署對曹。分袂對同袍。鳴琴對擊劍。返轍對回舠。良借箸。操捉刀。香茗對醇醪。涓泉歸海大。寸壤積山高。石室客來煎雀舌。畫堂賓至奉羊羔。被謫賈生。湘水淒涼吟鵩鳥。遭讒屈子。江潭憔悴著離騷。

五 歌

五九

微對巨。少對多。直幹對平柯。蜂媒對蝶使。雨笠對煙蓑。眉淡掃。面微酡。妙舞對清歌。

輕衫裁夏葛。薄袂剪春羅。將相兼行唐李靖。
霸王雜用漢蕭何。月本陰精。豈有羿妻曾竊
藥。星爲夜宿。虛傳織女漫投梭。

六十

慈對善。虐對苛。縹緲對婆娑。長楊對細柳。
嫩蕊對寒莎。追風馬。挽日戈。玉液對金波。
紫詔銜丹鳳。黃庭換白鵝。畫角江城梅作引。
蘭舟野渡竹爲歌。門外雪飛。錯認空中飄柳
絮。巖邊瀑響。誤疑天半落銀河。

六一

松對竹。荇對荷。薜荔對藤蘿。雕雲對鏤月。
樵唱對漁歌。升鼎雉。聽經鵝。北海對東坡。
吳郎哀廢宅。邵子樂行窩。麗水良金皆入冶。
昆山美玉總須磨。雨過皇州。琉璃色燦華清
瓦。風來帝苑。荷芰香飄太液波。

六二

籠對檻。餌對囮。及第對登科。冰清對玉潤。
地利對人和。韓擒虎。榮駕鵝。青女對素娥。
破頭朱泚笏。折齒謝鯤梭。留客酒杯應恨少。

動人詩句不須多。綠野凝煙。但聽村前雙牧笛。滄江積雪。惟看灘上一漁蓑。

六麻

六三

清對濁。美對嘉。鄙吝對矜誇。花鬚對柳眼。屋角對檐牙。志和宅。博望槎。秋實對春華。乾爐烹白雪。坤鼎煉丹砂。深宵望冷沙場月。絶塞聽殘野戍笳。滿院松風。魚聲隱隱爲僧舍。半窗花月。鶴影依依是道家。

六四

雷對電。霧對霞。蟻闞對蜂衙。寄梅對懷橘。釀酒對烹茶。宜男草。益母花。楊柳對蒹葭。班姬辭帝輦。蔡琰泣胡笳。舞榭歌樓千萬户。竹籬茅舍兩三家。珊枕半床。月明時夢飛塞外。銀箏一曲。花落處人在天涯。

六五

圓對缺。正對斜。笑語對咨嗟。沈腰對潘鬢。孟筍對盧茶。百舌鳥。兩頭蛇。帝里對仙家。堯仁敷率土。舜德被流沙。橋上授書曾納履。

壁間題句已籠紗。遠塞迢迢。雪磧風沙何可極。長沙渺渺。雲濤煙浪信無涯。

六六

疏對密。樸對華。義鶻對慈鴉。鵝群對雁陣。白苧對黃麻。讀三到。吟八叉。肅靜對喧嘩。圍棋兼把釣。沉李并浮瓜。羽客片時能煮石。狐禪千劫似烝沙。黨尉粗豪。金帳籠香斟美酒。陶生清逸。銀鐺融雪啜團茶。

七陽

六七

臺對閣。沼對塘。朝雨對夕陽。游人對隱士。謝女對秋娘。三寸舌。九回腸。玉液對瓊漿。秦皇照膽鏡。徐肇返魂香。青萍夜嘯芙蓉匣。黄卷時攤薜荔牀。元亨利貞。天地一機成化育。仁義禮智。聖賢千古立綱常。

六八

紅對白。緑對黄。晝永對更長。龍飛對鯉躍。錦纜對牙檣。雲弁使。雪衣娘。故國對他鄉。

雄文能徙鱷。艷曲爲求凰。九日高峰驚落帽。暮春曲水喜流觴。僧占名山。雲繞雙林藏古殿。客棲勝地。風飄萬葉響空廊。

六九

衰對壯。弱對强。艷飾對新妝。御龍對司馬。破竹對穿楊。讀班馬。識求羊。水色對山光。仙棋藏绿橘。客枕納黄粱。池草入詩因有夢。海棠帶恨爲無香。風起畫堂。簾箔影翻青荇沼。月斜金井。轆轤聲度碧桐墻。

七十

臣對子。帝對王。日月對風霜。烏臺對紫府。

蔀屋對巖廊。香山社。晝錦堂。雪牖對雲房。

芬椒涂內壁。文杏飾高梁。貧女幸分東壁影。

幽人高臥北窗涼。繡閣探春。麗日半籠青鏡

色。水亭醉夏。熏風常透碧筒香。

八庚

七一

形對貌。色對聲。夏邑對周京。江雲對渭樹。

玉磬對銀箏。人老老。我卿卿。曉燕對春鶯。

玄霜舂玉杵。白露貯金莖。賈客君山秋弄笛。仙人緱嶺夜吹笙。帝業獨興。盡道漢高能用將。父書空讀。誰言趙括善知兵。

七二

功對業。性對情。月上對雲行。乘龍對附驥。閬苑對蓬瀛。春秋筆。月旦評。東作對西成。隋珠光照乘。和璧價連城。三箭三人唐將勇。一琴一鶴趙公清。漢帝求賢。詔訪嚴灘逢故舊。宋廷優老。年尊洛社重耆英。

七三

昏對旦。晦對明。久雨對新晴。蓼灣對花港。

竹友對梅兄。黃石叟。丹丘生。犬吠對鷄鳴。

暮山雲外斷。新水月中平。半榻清風宜午夢。

一犁好雨趁春耕。王旦登庸。誤我十年遲作

相。劉蕡不第。愧他多士早成名。

九 青

七四

庚對甲。己對丁。魏闕對彤庭。梅妻對鶴子。

珠箔對銀屏。鴛浴沼。鷺飛汀。鴻雁對鶺鴒。

人間壽者相。天上老人星。八月好修攀桂斧。三春須系護花鈴。江閣秋登。一水净連天際碧。石欄曉倚。群山秀向雨餘青。

七五

危對亂。泰對寧。納陛對趨庭。金盤對玉箸。泛梗對浮萍。群玉圃。衆芳亭。舊典對新型。騎牛閒讀史。牧豕自横經。秋首田中禾穎重。春餘園内菜花馨。旅次凄凉。塞月江風皆慘淡。筵前歡笑。燕歌趙舞獨娉婷。

十　蒸

七六

萍對蓼。芡對菱。雁弋對魚罾。齊紈對魯縞。蜀錦對吳綾。星漸没。日初升。九聘對三徵。蕭何曾作吏。賈島昔爲僧。賢人視履循規矩。大匠揮斤按準繩。野渡春風。人喜乘潮移酒舫。江天暮雨。客愁隔岸對漁燈。

七七

談對吐。謂對稱。冉閔對顏曾。侯嬴對伯嚭。祖逖對孫登。抛白紵。宴紅綾。勝友對良朋。

争名如逐鹿。謀利似趨蠅。仁傑姨慚周不仕。王陵母識漢方興。句寫窮愁。浣花寄迹傳工部。詩吟變亂。凝碧傷心嘆右丞。

十一　尤

七八

榮對辱。喜對憂。繾綣對綢繆。吴娃對越女。野馬對沙鷗。茶解喝。酒消愁。白眼對蒼頭。馬遷修史記。孔子作春秋。莘野耕夫閑舉耜。磻溪漁父晚垂鉤。龍馬游河。羲聖因圖而畫卦。神龜出洛。禹王取法以明疇。

七九

冠對履。舄對裘。院小對庭幽。面牆對膝地。錯智對良籌。孤嶂聳。大江流。方澤對圜丘。花潭來越唱。柳嶼起吴謳。鶯懶燕忙三月雨。蛩催蟬報一天秋。鍾子聽琴。荒徑入林山寂寂。謫仙捉月。洪濤接岸水悠悠。

八十

魚對鳥。鴿對鳩。翠館對紅樓。七賢對三友。愛日對悲秋。虎類狗。蟻如牛。列辟對諸侯。陳唱臨春樂。隋歌清夜遊。空中事業麒麟閣。

地下文章鸚鵡洲。曠野平原。獵士馬蹄輕似箭。斜風細雨。牧童牛背穩如舟。

十二　侵

一

歌對曲。嘯對吟。往古對來今。山頭對水面。遠浦對遥岑。勤三上。惜寸陰。茂樹對平林。卞和三獻玉。楊震四知金。青皇風暖催芳草。白帝城高急暮砧。繡虎雕龍。才子窗前揮彩筆。描鸞刺鳳。佳人簾下度金針。

八二

登對眺。涉對臨。瑞雪對甘霖。主歡對民樂。交淺對言深。恥三戰。示七擒。顧曲對知音。大車行檻檻。駟馬驟駸駸。紫電青虹騰劍气。高山流水識琴心。屈子懷君。極浦吟風悲澤畔。王郎憶友。扁舟卧雪訪山陰。

十三　覃

八三

宫對闕。座對龕。水北對天南。蜃樓對蟻郡。偉倫對高談。遴杞梓。樹楩楠。得一對函三。

八寶珊瑚枕。雙珠玳瑁簪。蕭王待士心惟赤。盧相欺君面獨藍。賈島詩狂。手擬敲門行處想。張顛草聖。頭能濡墨寫時酣。

八四

聞對見。解對諳。三橘對雙柑。黃童對白叟。靜女對奇男。秋七七。徑三三。海色對山嵐。鸞聲何噦噦。虎視正眈眈。儀封疆吏知尼父。函谷關人識老聃。江相歸池。止水自盟真是止。吳公作宰。貪泉雖飲亦何貪。

十四 鹽

八五

寬對猛。冷對炎。清直對尊嚴。雲頭對雨腳。鶴髮對龍髯。風臺諫。肅堂簾。保泰對鳴謙。五湖歸范蠡。三徑隱陶潛。一劍成功堪佩印。百錢滿卦便垂簾。濁酒停杯。容我半酣愁際飲。好花傍座。看他微笑悟時拈。

八六

連對斷。減對添。淡泊對安恬。回頭對極目。水底對山尖。腰裊裊。手纖纖。鳳卜對鸞占。

開田多種粟。煮海盡成鹽。居同九世張公藝。恩給千人范仲淹。簫弄鳳來。秦女有緣能跨羽。鼎成龍去。軒臣無計得攀髯。

八七

人對己。愛對嫌。舉止對觀瞻。四知對三語。義正對辭嚴。勤雪案。課風檐。漏箭對書籤。文繁歸獺祭。體豔別香奩。昨夜題梅更一字。早春來燕捲重簾。詩以史名。愁裏悲歌懷杜甫。筆經人索。夢中顯晦老江淹。

十五　咸

八八

栽對植。薙對芟。二伯對三監。朝臣對國老。

職事對官銜。鹿麌麌。兔毚毚。啟牘對開緘。

緑楊鶯睍睆。紅杏燕呢喃。半籬白酒娛陶令。

一枕黄粱渡呂巖。九夏炎飆。長日風亭留客

騎。三冬寒冽。漫天雪浪駐征帆。

八九

梧對竹。柏對杉。夏濩對韶咸。澗瀍對溱洧。

鞏洛對崤函。藏書洞。避詔巖。脱俗對超凡。

賢人羞獻媚。正士嫉工讒。霸越謀臣推少伯。佐唐藩將重渾瑊。鄴下狂生。羯鼓三撾捐錦襖。江州司馬。琵琶一曲濕青衫。

九十

袍對笏。履對衫。匹馬對孤帆。琢磨對雕鏤。刻劃對鐫鑱。辰北拱。日西銜。卮漏對鼎饞。江邊生杜若。海外樹都咸。但得恢恢存利刃。何須咄咄達空函。彩鳳知音。樂典后夔須九奏。金人守口。聖如尼父亦三緘。

附：

論小學之始

默公

家有子女，誰不寶愛？爲思將來，必令其學。然學問之道安在？學問之階何由？簡言之曰：

學問之道，要在讀書。讀書之道，要在識字。識字之道，要在正字。正字之道，載於字書。字書種種，匯於説文。故幼童入學，先課以説文。此乃小學之始也。

大道至簡，數言已盡。欲聞詳細，請爲分述：

何謂學問？在明天地人之道之德，即司馬遷所謂『究天人之際，通古今之變』。今人重知識而輕學問。知識者，萬物之性狀也，其如恒河之沙，未可勝數，此如莊子所言『以有涯之生，隨無涯之知，殆矣』。幼童求知，與生俱來；自幼及長，得之無時。師長於其切用之知，自當傳授；餘者待其需用，即拾即得。學問如棟梁，知識如磚瓦。此如匠人造屋，必先立其礎柱棟梁，若無此框架基礎，何以統御知識？無此通梁大柱，何以成就樓廈？若滿腹磚頭瓦塊，日後充其量磚家爾爾，焉能有益於世？此師長之過也。故幼童教育，應爲通才教育，必以學問之養成爲要。而欲養學問，必要讀書。

何謂讀書？書有各種，不可不別，讀有其時，又不可不慎。少年時光，原本短暫，一要長身體，常需玩耍；二要習道德，常需教訓；學時有限，光陰如金，豈可以後人荒漫之書敷衍？必擇其精粹緊要者讀之，此即聖賢書也。古來讀先賢書者，方可謂讀書人。讀聖賢書如飲上游水，先秦兩漢、魏晉六朝，七八十種，乃已可植學問之根基也。唐宋以下，如初唐四傑，中唐司馬，及北宋蘇黃諸家，可待日後閒時把玩；縱壯老之年，亦不爲遲。今人爲學多在聽課，師生相傳，愈傳愈少。且口耳相授，謬誤流行。故爲學二十年，皆是聽來之物，古人謂之耳學，其如夢中喫飯，霧裏看花。唯有讀書，字字讀過，句句想過，方可明眼澄心，養成學問。而欲讀聖賢書，必要識字。

何謂識字？字有形音義：音分聲與韻，韻分頭腹尾；形有六書之別，有旁形之構；義有初義本義，有衍生流變之史，不可不知。字又分正字、別字、俗字，與時雜駁，不可不辨。至殷商甲骨，六書之法，已臻成熟，故周初保氏得以用六書教授子弟。子弟得其字理，明其源流，始曰識字。倘不識字理，不明源流，徒憑硬記，只可謂記字耳。故識字必得真切通透，方可謂識得，欲真切通透，必從正字識得。

何謂正字？文字形成，無外約定與俗成，其流變雜駁，因人而異。而文字之功，在於流通，爲便通行，始有規範。字書者，乃文字之範，而其規範之法，是爲六書，曰象形、曰指事、曰會意、曰形聲、曰轉注、曰假借。周秦數種字書，合稱前三倉；西漢數種字書，合稱後三倉。許慎匯合所見字書而作説文解字，時在公元一二一年，此後歷代奉説文爲正字。故識正字須從説文。

何爲説文？説文以六書爲綱，以部首爲目，始於一字，終於亥字，計九千三百五十三字。故幼童入塾，當先教習六書，繼之以部首。要在精通六書，熟記部首。精通六書，即可明瞭文字之理；熟記部首，即可按部習字。少者四千，爲時年半，多者六千，爲時兩年。以此讀先秦舊典，方無大礙。此乃小學之始。

何謂小學？古者小學與大學相對舉。後世將小學所習之學問，統稱小學，計有文字學、音韻學、訓詁學、校勘學、金石學、目録學等諸門基礎學科，與經學相對，自成一門。近代有國學之説，與西學相對舉，自此，小學乃成國學之下盤，而以經學、諸子學、史學、哲學等門爲國學上盤。若無小學之基礎，則無校讀經史子集各書之能力。各書未讀真切，又何能一窺國學上盤之堂奥。故小學之功，未可小視。而小學之功力，必在博聞强記。孩童記憶，最爲强勁，故自幼授其小學，理合天然。而以識正字，爲其初階。故曰：幼童入塾，授以説文，爲小學之始也。

二〇一四年十一月於樂道塾

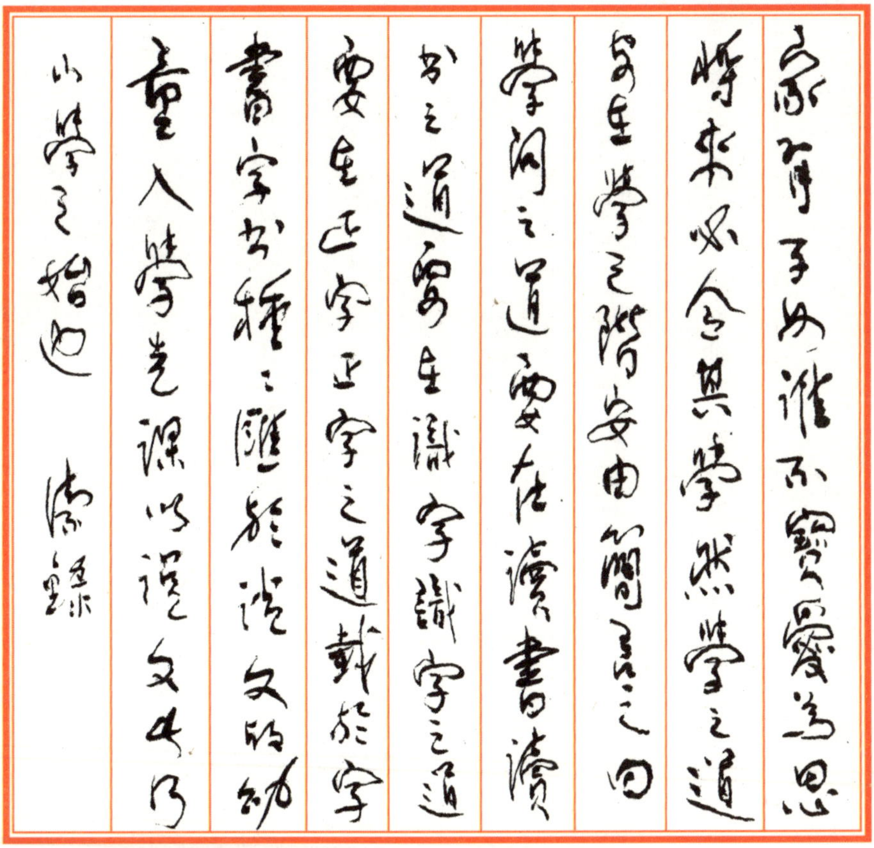

樂道塾山長辛冠潔老書《論小學之始》
時年九十五歲

附表

（＝後字形爲說文解字楷化字形）

説＝說　税＝稅　脱＝脫　悦＝悅　叙＝敘

别＝別　强＝強　换＝換　駡＝罵　畝＝晦

鷄＝雞　横＝橫　静＝靜　争＝爭　净＝淨

奥＝奧　够＝夠　虚＝虛　衆＝眾　没＝沒

温＝溫　鼓＝鼓　内＝內　宫＝宮　户＝戶

緑＝綠　禄＝祿　晋＝晉　録＝錄　並＝幷竝

貌＝皃　遥＝遙　謡＝謠　摇＝搖　瑶＝瑤

杯＝桮　璇＝璿　教＝敎　盗＝盜　吴＝吳

剥＝剝　脆＝脃　慚＝慙　絶＝絕

图书在版编目（CIP）数据
乐道塾蒙学五种 / 默公编 . -- 北京 : 中国青年出版社, 2025. 3. -- ISBN 978-7-5153-7549-6
Ⅰ. H194.1
中国国家版本馆 CIP 数据核字第 2024UT0789 号

書　　目　樂道塾蒙學五種
作　　者　默　公
責任編輯　呂　娜

出版發行　中國青年出版社
社　　址　北京市東城區東四十二條 21 號
網　　址　www.cyp.com.cn
經　　銷　新華書店
印　　刷　山東新華印務有限公司

規　　格　787mmX1092mm　1/16
印　　張　8
字　　數　20 千字
版　　次　2025 年 3 月北京第 1 版
印　　次　2025 年 3 月山東第 1 次印刷
定　　價　49.00 圓
如有印裝質量問題，請憑購書發票與質檢部聯繫調換。
聯繫電話　010-57350337